# HISTORIQUE DE LA GUERRE

Prix : 0 fr. 25

Fascicule n° 1

PAR

**Ferdinand BAUDOUIN**

Ancien Officier de Réserve
e paix à Ruffec, Maire de Couture-d'Argenson (2-Sèvres)
Officier de l'Instruction Publique

# HISTORIQUE
## DE
# LA GUERRE

### PAR
### Ferdinand BAUDOUIN

*Ancien Officier de réserve,*
*Juge de Paix à Ruffec, Maire de Couture-d'Argenson,*
*Officier de l'Instruction publique.*

## PREMIÈRE PARTIE

Attentat de Serajevo.
Condamnation de Hansi.
Voyage de M. Poincaré pour la Russie.
Mobilisation en Autriche, Serbie, Russie.
L'Autriche déclare la guerre à la Serbie.
Assassinat de Jaurès.
L'Allemagne déclare la guerre à la Russie.
L'Allemagne déclare la guerre à la France.
L'Angleterre déclare la guerre à l'Allemagne.
Héroïque résistance à Liège.
Bataille d'Altkirch. — Entrée des Français à Mulhouse.

—o—

NIORT
IMPRIMERIE TH. MARTIN
24, rue Saint-Symphorien

1914

# AVANT-PROPOS

*Nous allons suivre pas à pas, jour par jour, les événements qui se déroulent dans notre vieille Europe, depuis la tragédie de Serajevo jusqu'au résultat final de la lutte gigantesque à laquelle nous assistons, c'est-à-dire jusqu'au remaniement complet de la carte de l'Europe centrale, et à la disparition du cauchemar germanique.*

*Le sang généreux de nos enfants ne sera pas versé en vain, et si nous pleurons ceux qui ne sont plus, notre douleur sera atténuée par le triomphe de la liberté sur l'oppression. Nous avons tout lieu d'espérer qu'à l'armement intensif dont toutes les nations supportaient les ruineuses conséquences, succédera une longue période de paix qui nous permettra de recueillir les fruits du sacrifice énorme que le destin nous a imposé.*

# HISTORIQUE DE LA GUERRE

### 28 JUIN 1914

### Attentat de Serajevo

L'archiduc François-Ferdinand, héritier du trône d'Autriche-Hongrie, et sa femme, la duchesse de Hohenberg, sont assassinés à Serajevo, capitale de la Bosnie, par un jeune homme de 19 ans, lycéen de deuxième année, nommé Prinzip. C'est un serbe de Bosnie, né à Grohoro. Il a tiré trois coups de revolver, dont deux sur l'archiduc et un sur la duchesse. L'attentat a été commis alors que l'archiduc traversait la ville en automobile. L'archiduc et sa femme, transportés au Konak, ont succombé à leurs blessures quelques instants après.

Peu d'heures avant, un ouvrier typographe, nommé Cabrinovitch, serbe de Bosnie, avait lancé une bombe contre la voiture, mais cette bombe, après avoir frôlé l'archiduc, était tombée derrière la voiture, blessant plusieurs personnes.

Les deux assassins ont été arrêtés.

On croit se trouver en présence d'un complot longuement préparé.

Une centaine de personnes ont été arrêtées.

La ville est en état de siège.

## 29 JUIN 1914

## Manifestations anti-serbes

Des manifestations ont eu lieu à Serajevo. Les magasins serbes ont été pillés ; le palais du métropolite, une banque, un café et un hôtel ont été saccagés.

A Vienne, les esprits sont très surexcités, les journaux insinuent que l'attentat contre l'archiduc a été préparé avec la connivence des Serbes et des Russes, on a voulu frapper le chef suprême de l'armée.

Le parti militaire donne pour mot d'ordre : « Sus à la Serbie. »

A Mostar, les musulmans et les Croates ont massacré les Serbes, on parle de 200 morts.

Partout la foule manifeste contre les Serbes.

A Belgrade, la nouvelle de l'assassinat de l'archiduc a été accueillie avec une profonde pitié. Chacun se demande quelles seront les conséquences de cet attentat. La Serbie proteste de son horreur pour le crime commis.

## 4 JUILLET 1914

## Funérailles de l'archiduc héritier et de sa femme

L'archiduc François-Ferdinand et la duchesse de Hohenberg, sa femme, ont été inhumés à Arbstetten.

La pluie n'a cessé de tomber pendant toute la cérémonie.

Les archiducs, les dignitaires et le haut commandement n'ont pas assisté aux funérailles, la duchesse de Hohenberg n'étant pas de race royale.

A Serajevo, plus de deux cents maisons ont été détruites. La ville est en ruines.

## 6 JUILLET 1914

### Tout conflit entre l'Autriche et la Serbie paraît écarté

A Vienne et dans tout l'empire on signale des manifestations anti-serbes.
Cependant tout danger de complication internationale paraît écarté, les Serbes de Bosnie-Herzégovine n'ayant pas été l'objet de représailles, aucun mouvement de révoltés n'ayant été signalé et le gouvernement serbe paraissant disposé à accueillir toute revendication légitime.

---

## 9 JUILLET 1914

### Condamnation de Hansi

Le tribunal d'empire de Leipzig condamne Hansi à un an de prison pour offenses envers les gendarmes et les instituteurs d'Alsace-Lorraine dans sa publication de *Mon Village*.

---

## 13 JUILLET 1914

### Débat au Sénat sur notre matériel de guerre

M. Humbert, sénateur de la Meuse, déclare au Sénat que notre matériel de guerre n'est pas en état. Nous manquons d'obusiers, le mortier français ne répond plus aux nécessités de la guerre. Aucun type de canon long n'a été adopté,

les munitions sont insuffisantes, les ports ne sont pas en état.
Une enquête parlementaire est ordonnée.
La question d'Irlande paraît se compliquer.
A Belgrade, le bruit s'est répandu dans la colonie austro-hongroise qu'un attentat contre la vie des Autrichiens était projeté par les Serbes.

---

## 16 JUILLET 1914

### Départ de M. Poincaré pour la Russie

Le 16 juillet, à 5 heures et quart, s'embarque sur la *France*, à Dunkerque, le Président de la République, accompagné de M. Viviani, président du conseil et ministre des affaires étrangères. Ils se rendent en Russie.
Deux avions français atterrissent en Alsace-Lorraine.
Un sergent de la légion étrangère, Réot, se rend en pays annexé, vêtu de son uniforme. Il visite sa famille et rentre en France après avoir évité les soldats allemands.

---

## 22 JUILLET 1914

### Début du conflit austro-serbe

Il règne à Vienne une assez vive inquiétude en ce qui concerne les relations austro-serbes. Cette inquiétude est motivée par le retour à Vienne du général Conrad von Hoetzendorf, qui est revenu précipitamment du Tyrol où il était en villégiature.
M. Poincaré est acclamé en Russie. Les Russes ne croient pas à une complication austro-serbe.

Le procès de Mme Caillaux est l'objet d'incidents d'audience.

Le roi d'Angleterre intervient personnellement dans la question d'Irlande.

---

## 23 JUILLET 1914

### Le texte de la note austro-hongroise adressée à la Serbie

L'Autriche est décidée coûte que coûte à en finir avec la Serbie. La perspective des conflits européens ne l'arrêtera pas, dit un personnage officiel, et le 23 juillet la note ci-dessous est remise à Belgrade.

Le 31 mars 1909, le ministre royal de Serbie à Vienne a fait au gouvernement impérial et royal, sur les instructions du gouvernement serbe, la déclaration suivante :

« La Serbie reconnaît que, par le fait accompli vis-à-vis de la Bosnie, elle n'est pas atteinte dans ses droits et qu'elle se conformera, par conséquent, aux décisions que les puissances prendront, conformément à l'article 25 du traité de Berlin.

« En même temps que la Serbie se range aux conseils des grandes puissances, elle s'engage à renoncer à l'attitude de protestation et d'opposition qu'elle a adoptée depuis octobre dernier ; elle s'engage d'autre part à modifier la direction de sa politique vis-à-vis de l'Autriche-Hongrie et à vivre à l'avenir avec celle-ci en bonnes relations de voisinage. »

L'histoire des dernières années et en particulier les douloureux événements du 28 juin dernier ont démontré l'existence en Serbie d'un mouvement subversif dans le but de détacher certaines parties de l'Autriche-Hongrie de la monarchie.

Il apparaît clairement, à la suite des déclarations et des aveux des auteurs criminels de l'attentat du 28 juin, que le crime de Serajevo a été préparé à Belgrade ; que les assassins reçurent les armes et les bombes dont ils étaient munies d'officiers et de fonctionnaires appartenant à la Narodna Obrana ; et enfin que l'envoi des assassins et de leurs armes en Bosnie fut organisé et réalisé par les autorités de la frontière serbe.

Les résultats ci-dessus de l'instruction ne permettent pas au gouvernement impérial et royal d'observer plus longtemps l'attitude de patience et d'expectative qu'il avait prise pendant des années vis-à-vis de ces agissements qui ont leur foyer à Belgrade et qui sont de là transportés sur le territoire de la monarchie.

Ces résultats imposent, au contraire, au gouvernement impérial et royal le devoir de mettre un terme à ces agissements, qui constituent une menace permanente pour la tranquillité de la monarchie. Pour atteindre ce but, le gouvernement impérial et royal se voit dans l'obligation de réclamer du gouvernement serbe une assurance formelle que celui-ci condamne cette propagande dangereuse dirigée contre la monarchie, c'est-à-dire l'ensemble des menées dont le but final est de détacher de la monarchie des territoires qui lui appartiennent et que le gouvernement royal s'engage à supprimer par tous les moyens cette propagande criminelle et terroriste.

Afin de donner à son engagement un caractère solennel, le gouvernement royal serbe publiera, en première page de son *Journal officiel* du 26/13 juillet, les déclarations suivantes :

« Le gouvernement royal serbe condamne la propagande dirigée contre l'Autriche-Hongrie, c'est-à-dire l'ensemble des menées qui ont pour but de détacher de la monarchie austro-hongroise des territoires qui lui appartiennent et regrette très sincèrement les conséquences funestes de ces menées criminelles.

« Le gouvernement royal serbe regrette que des officiers et des fonctionnaires serbes aient pris part à cette propagande et aient ainsi mis en péril les relations de bon voisinage amical que le gouvernement royal serbe s'était solennellement engagé, dans ses déclarations du 31 mars 1909, à observer.

« Le gouvernement serbe, qui désapprouve et rejette toute tentative d'immixtion dans les destinées des populations, de quelque partie de l'Autriche-Hongrie que ce soit, considère comme un devoir d'aviser, de la façon la plus catégorique, les officiers et fonctionnaires ainsi que la population tout entière du royaume, qu'il agira avec la plus grande sévérité à l'avenir contre telles personnes qui se rendraient coupables de pareils agissements et qu'il s'emploiera de toutes ses forces à les réprimer et à les arrêter. »

Cette déclaration sera portée simultanément à la connaissance de l'armée royale, par un ordre du jour de S. M. le roi, et publiée dans l'organe officiel de l'armée. Le gouvernement royal serbe s'engage d'autre part :

1° A supprimer toute publication qui exciterait à la haine et au mépris de la monarchie et dont la tendance générale serait dirigée contre l'intégrité territoriale de celle-ci ;

2° A procéder de suite à la dissolution de l'association dite Narodna Obrana, à confisquer tous les moyens de propagande de celle-ci et à agir de la même façon contre les autres sociétés et associations serbes qui s'adonnent à la propagande contre l'Autriche-Hongrie. Le gouvernement royal prendra les mesures nécessaires pour que les sociétés dissoutes ne puissent pas continuer leur activité sous un autre nom et une autre forme ;

3° A éliminer, sans délai, de l'instruction publique en Serbie, tant en ce qui concerne le corps enseignant que les moyens d'instruction, tout ce qui sert ou pourrait servir à fomenter la propagande contre l'Autriche-Hongrie ;

4° A éloigner du service militaire et de l'administration

en général tous les officiers et fonctionnaires coupables de propagande contre la monarchie austro-hongroise, et dont le gouvernement austro-hongrois se réserve de communiquer les noms et les actes au gouvernement royal ;

5° A accepter la collaboration en Serbie des organes du gouvernement austro-hongrois dans la suppression du mouvement subversif dirigé contre l'intégrité de la monarchie ;

6° A ouvrir une enquête judiciaire contre les partisans du complot du 28 juin se trouvant sur le territoire serbe ; des organes délégués par le gouvernement austro-hongrois prendront part aux recherches y relatives ;

7° A procéder d'urgence à l'arrestation du commandant Voija Tankosic et du nommé Milan Ciganovic, employé de l'Etat serbe, compromis par les résultats de l'instruction de Serajevo ;

8° A empêcher, par des mesures efficaces, le concours des autorités serbes dans le trafic illicite des armes et explosifs à travers la frontière ; à licencier et à punir sévèrement les fonctionnaires de service à la frontière, à Schabetz et à Lozonica, coupables d'avoir aidé les auteurs du crime de Serajevo, en leur facilitant le passage de la frontière ;

9° A donner au gouvernement austro-hongrois des explications sur les propos injustifiables de hauts fonctionnaires serbes tant en Serbie qu'à l'étranger qui, malgré leur position officielle, n'ont pas hésité, après l'attentat du 28 juin, à s'exprimer dans des interviews d'une manière hostile envers la monarchie austro-hongroise ;

Enfin 10° à avertir sans retard le gouvernement austro-hongrois de l'exécution des mesures comprises dans les points précédents.

Le gouvernement austro-hongrois attend la réponse du gouvernement royal au plus tard jusqu'au samedi 25 de ce mois, à six heures du soir.

## 24 JUILLET 1914

## L'Europe est stupéfaite de la note autrichienne

Comme prétexte à ses exigences, l'Autriche invoque :

1° Que le complot de l'assassinat de l'archiduc François-Ferdinand a été formé à Belgrade avec le concours du commandant Voija Tankosic ;

2° Que les bombes et les pistolets ont été livrés, à Belgrade, par le même commandant ;

3° Que les bombes proviennent de l'armée serbe de Progujevac ;

4° Que les armes et les bombes furent passées en Bosnie avec la complicité de capitaines gardes-forestiers et de douaniers.

Les journaux français, anglais et russes font remarquer que l'Autriche semble poussée par son alliée l'Allemagne à profiter de l'heure et à agir avant que l'Europe puisse intervenir. En effet, le Président de la République française est en Russie. Le gouvernement russe est aux prises avec les difficultés que lui suscite une grève formidable. L'Angleterre est menacée d'une guerre civile.

A Saint-Pétersbourg et à Londres on considère la situation comme très grave.

Les rentes d'Etat subissent une baisse considérable, la rente française descend de 81 fr. 30 à 79 fr. 80.

A Saint-Pétersbourg, on déclare que l'on défendra les droits de la Serbie. En Angleterre, on considère l'ultimatum comme inacceptable.

L'Italie désapprouve la note autrichienne.

Le gouvernement russe fait une démarche à Vienne pour obtenir une prolongation du délai imparti à la Serbie.

## 25 JUILLET 1914

## La réponse serbe

Voici le résumé exact de la réponse de la Serbie :
Le gouvernement accepte :
1° La publication de la déclaration demandée au *Journal officiel* ;
2° Communication de cette déclaration à l'armée par un ordre du jour ;
3° Dissolution des sociétés de défense nationale susceptibles d'agir contre l'Autriche-Hongrie ;
4° Modification de la loi sur la presse ;
5° Renvoi des services de l'armée et des autres administrations des fonctionnaires dont la participation sera prouvée dans la propagande antiautrichienne.
Sur ce point, le gouvernement serbe proteste contre la participation des fonctionnaires autrichiens dans l'enquête ;
6° Le gouvernement serbe demande que l'on explique dans quelle mesure les fonctionnaires austro-hongrois devraient être appelés à prendre part à l'enquête relative au complot de Serajevo. Sur ce dernier point il ne veut admettre que ce qui correspond au droit international et aux relations de bon voisinage ;
7° En résumé, il accepte toutes les conditions, toutes les autres exigences de l'Autriche-Hongrie et ne fait de réserves que sur la participation des fonctionnaires austro-hongrois en Serbie.
Encore n'oppose-t-il pas sur ce point un refus formel et se borne-t-il à demander des éclaircissements. Enfin, si le gouvernement austro-hongrois trouve ces explications insuffisantes, le gouvernement serbe s'en remet au tribunal de La Haye et aux différentes puissances qui ont signé la déclaration de 1909 relative à la Bosnie-Herzégovine.

Dès la matinée on apprend que la démarche russe relative à une prolongation de délai pour la Serbie a échoué.

L'Autriche refuse le délai demandé.

Un peu avant 6 heures, M. Pachitch, président du conseil serbe, remet au ministre d'Autriche la réponse du gouvernement serbe.

A 6 heures et demie, le ministre d'Autriche quitte Belgrade avec le personnel de la légation, ayant jugé la réponse insuffisante, après avoir signifié à M. Pachitch la rupture des relations diplomatiques.

Dès midi, à la Bourse de Paris, le 3 0/0 tombe à 78 fr., les transactions sont arrêtées.

A Saint-Pétersbourg, on paraît décidé à maintenir l'attitude la plus énergique en face de toute éventualité.

A Stockholm, on fait un chaleureux accueil à M. Poincaré.

## 26 JUILLET 1914

### Mobilisation en Autriche, en Serbie, en Russie

Il est dès maintenant certain que l'Allemagne a pris une large part dans la machination austro-hongroise contre la Serbie.

Ces deux puissances ont bien choisi leur heure, les autres Etats ayant de graves soucis.

L'Allemagne fait une démarche auprès des chancelleries de la Triple-Entente et déclare qu'à son point de vue le conflit doit rester localisé entre l'Autriche et la Serbie ; que dans le cas contraire un conflit européen serait à redouter.

Le conseil des ministres russe a décidé :

1° Que des mesures de mobilisation seraient prises immédiatement ;

2° Que ces mesures seraient prises à titre de préservation.

Le ministre des affaires étrangères russe fait appel aux bons offices de l'Angleterre.

En France, les ministres décident, vu la gravité de la situation, de rappeler sous les drapeaux tous les soldats en congé.

L'Autriche continue sa mobilisation.

---

## 27 JUILLET 1914

### L'Angleterre tente une médiation
### l'Allemagne seule cherche des faux-fuyants

Le Président de la République, en raison de la situation internationale, décide de rentrer en France sans s'arrêter à Copenhague et à Christiania.

Sir Edward Grey, ministre des affaires étrangères d'Angleterre, a conçu un plan de médiation des quatre puissances qui ne sont pas directement engagées dans le débat : Angleterre, France, Italie et Allemagne. En France, cette initiative a été accueillie avec faveur ; en Italie, le gouvernement a demandé à prendre conseil à Berlin ; quant à l'Allemagne, elle a donné son adhésion de principe, avec toutes sortes de restrictions.

L'Angleterre a fait savoir à Berlin et à Vienne qu'en cas de conflit elle serait aux côtés de la Russie et de la France.

En Allemagne, deux classes de réservistes sont rappelées, les navires de guerre rallient les ports allemands.

Les Anglais rassemblent leur escadre de la Méditerranée à Malte.

La Serbie se prépare à la guerre.

## 28 JUILLET 1914

### L'Autriche déclare la guerre à la Serbie

L'Autriche a notifié officiellement à la Serbie que la réponse serbe à la note du 23 juillet n'étant pas satisfaisante, elle se voit dans la nécessité de recourir à la force des armes.

Malgré cette déclaration de guerre, l'Angleterre s'efforce d'arriver à une médiation. La France joint ses efforts aux siens, l'Italie est prête à collaborer avec la France et l'Angleterre. La Russie déclare ne pas considérer l'entrée des Autrichiens en Serbie comme un *cassus belli* et ne prendra pas de mesures militaires nouvelles jusqu'à nouvel ordre.

La Belgique prend des dispositions miliaires pour faire respecter sa neutralité.

M$^{me}$ Caillaux est acquittée par le jury de la Seine.

---

## 29 JUILLET 1914

### Retour en France du Président de la République

Paris a fait une véritable ovation à M. Poincaré ; il a manifesté son enthousiasme patriotique par les cris mille fois répétés de : « Vive la France ! Vive la Russie ! Vive l'Angleterre ! »

La médiation de l'Angleterre semble définitivement écartée.

L'Allemagne eut pu arrêter son alliée, mais elle n'a rien fait pour cela, elle a peut-être trop compté sur la passivité russe.

La Russie mobilise quatorze corps d'armée, près de

700.000 hommes, pris dans les gouvernements de Kiew, Odessa, Kozan et Moscou ; la mobilisation n'a lieu que sur le voisinage de la frontière autrichienne.

L'Allemagne a rappelé dans leur garnison des troupes déplacées, les permissionnaires, etc., etc...

La France prend les mêmes précautions.

L'Angleterre hâte la concentration de ses flottes. La première flotte est partie de Portland pour une destination inconnue.

## 30 JUILLET 1914

### Le bombardement de Belgrade

La prise de Belgrade par les Autrichiens, qui avait été annoncée par le *Morgen Post*, est démentie ; le bombardement continue. La mobilisation se poursuit en Autriche et en Serbie.

L'ambassadeur d'Allemagne a protesté à Saint-Pétersbourg contre la mobilisation russe et a donné à entendre que cette mobilisation, même partielle, aurait pour conséquence la mobilisation allemande.

M. Sazonow a répondu que les mesures de mobilisation partielle ne pouvaient pas être arrêtées.

L'Angleterre a fait une nouvelle démarche à Berlin et a demandé sous quelle forme le gouvernement allemand jugeait l'intervention préférable. Berlin n'a donné aucune réponse.

En France, toutes les dispositions concernant les troupes de couverture sont prises, 250.000 hommes gardent la frontière, ses stocks d'approvisionnement et de munitions sont au complet, les voies ferrées sont dégagées mais la mobilisation n'a pas encore été ordonnée.

## 31 JUILLET 1914

## L'Allemagne décrète la menace militaire
## Assassinat de Jaurès

L'empereur d'Allemagne, conformément à l'article 68 de la Constitution, décrète la « menace de guerre ». Cet état comporte l'état de siège. Le kronprinz a été désigné comme chef de la première division de la garde.

La situation est de plus en plus grave.

La Russie ordonne la mobilisation des réservistes de Saint-Pétersbourg.

L'Autriche redouble ses attaques contre les Serbes mais sans résultat appréciable, le bombardement de Belgrade continue.

L'Angleterre emploie tous les moyens pour arriver à une solution amiable du conflit.

La mobilisation belge se prépare activement ; des détachements sont placés au-delà de la Meuse et de la Sambre.

En France, les ministres se tiennent en permanence.

En raison de la crise financière, les caisses d'épargne n'autorisent que des remboursements de 50 fr. par quinzaine. La Banque de France est autorisée à mettre en circulation des billets de 5 fr. et 20 fr.

Une surveillance sévère s'exerce sur toutes les voies de communications.

Jaurès est assassiné à Paris par un étudiant nommé Raoul Villain.

## 1er AOUT 1914

## Ultimatum de l'Allemagne à la France et à la Russie
## La mobilisation est ordonnée en France
## L'Allemagne déclare la guerre à la Russie

Les événements se précipitent avec une rapidité déconcertante.

L'Allemagne envoie, en même temps, un ultimatum à la Russie et un autre à la France. Elle demande à la Russie de suspendre sa mobilisation dans les 12 heures. A la France, elle demande de faire connaître, dans les 18 heures, si en cas de guerre avec la Russie elle resterait neutre.

D'un autre côté, il résulte de renseignements précis que l'Allemagne a commencé sa mobilisation depuis la veille.

En présence des mesures prises en Allemagne, le gouvernement français se voit obligé d'ordonner la mobilisation générale.

Aussitôt, dans toute la France, l'affiche suivante est placardée : « Extrême urgence. Circulaire recommandée. Le premier jour de la mobilisation est le dimanche 2 août 1914. »

Dans la soirée, l'ordre de mobilisation est affiché. En voici le texte :

ARMÉE DE TERRE — ARMÉE DE MER

*Ordre de mobilisation générale*

Par décret du Président de la République, la mobilisation des armées de terre et de mer est ordonnée, ainsi que la réquisition des chevaux, voitures, harnais nécessaires au complément de ces armées. Le premier jour de la mobilisation est fixé au 2 août. Tout Français soumis aux obligations militaires doit, sous peine d'être puni avec toute la rigueur des lois, obéir aux prescriptions du fascicule de mobilisation, page coloriée placée dans son livret.

Sont visés par le présent décret :

Tous les hommes non présents sous les drapeaux et appartenant : 1° à l'armée de terre, troupes coloniales et les hommes des services auxiliaires ; 2° les armées de mer, y compris les inscrits maritimes et les armuriers de la marine.

Les autorités civiles et militaires sont responsables de l'exécution du présent décret.

Signé :

*Le Ministre de la Guerre, le Ministre de la Marine.*

Il semble résulter des déclarations du ministre des affaires étrangères d'Italie que cette nation conserve la neutralité la plus absolue dans le conflit.

Le gouvernement français a reçu toutes assurances sur le rôle militaire et naval de l'Angleterre en cas de guerre franco-allemande.

En Russie, la mobilisation générale est ordonnée. A 10 h. 28 du soir, une dépêche de Saint-Pétersbourg annonce que ce même jour, à 7 h. 30 du soir, l'ambassadeur d'Allemagne, au nom de son gouvernement, a remis au ministre des affaires étrangères russe la déclaration de guerre.

*Dépêche officielle, 1ᵉʳ août, 4 h. 35 soir.*

Ordre de mobilisation générale. — Le premier jour de la mobilisation est le 2 *août*.

## 2 AOUT 1914

## Violation par les Allemands de la neutralité du Luxembourg

La mobilisation est accueillie par le peuple français avec le plus grand calme, c'est une mesure de sécurité que tout le monde reconnaît nécessaire. Il ne reste plus aucun doute sur le résultat final ; c'est la guerre à bref délai.

Les réservistes se préparent froidement. Au départ, ils sont tous animés du désir de mettre un terme à la situation intolérable qui nous est créée par l'Allemagne depuis plusieurs années.

Ils savent qu'ils vont prendre part à une lutte de géants. Il faut vaincre ou mourir.

L'état de siège est proclamé en France.

On apprend de source sûre que les Allemands ont pénétré dans le grand-duché du Luxembourg.

*2 h. soir, dépêche officielle.*

Premier télégramme officiel adressé par les Préfets aux Sous-Préfets :

« Recevrez quotidiennement télégramme contenant nouvelles que porterez immédiatement connaissance population.

« 1° Violation frontière avec réquisition bestiaux sur quelques points par détachements allemands, notamment environs Belfort ;

« 2° Gouvernement italien a notifié officiellement gouvernement français déclaration neutralité Italie ;

« 3° Pour raisons santé M. Gauthier, ministre marine, a offert sa démission et a été remplacé par M. Augagneur. M. Albert Sarraut nommé ministre instruction publique.

M. René Viviani désirant concentrer toute action gouvernementale dans ses mains et se donner tout entier à ses responsabilités garde présidence conseil sans portefeuille. M. Doumergue nommé ministre affaires étrangères ;

« 4° MM. Abel Ferry et Jacquier, sous-secrétaires d'Etat, ont spontanément offert démission pour rejoindre postes mobilisation. Conseil ministres les a félicités de ce patriotisme. Ils rejoindront postes Verdun, Annecy, mais conseil a refusé démission. »

## 3 AOUT 1914

## L'Allemagne déclare la guerre à la France

*Nouvlles diverses publiées par les Journaux.*

Les Allemands ont violé, hier, la neutralité du Luxembourg, ils ont pénétré dans le grand-duché, leurs troupes étaient transportées par des trains blindés.

La mobilisation russe se poursuit avec activité, les troupes russes ont pénétré en Autriche.

Les troupes françaises quittent leurs garnisons respectives et sont dirigées vers les points de concentration, la mobilisation se poursuit activement.

Les journaux confirment la réunion des Chambres pour le mardi 4 août.

*8 h. du soir. Dépêche officielle.*

« Ambassadeur Allemagne a réclamé hier ses passeports et a quitté Paris après avoir déclaré guerre à la France ; on annonce que dès ouverture des hostilités, Allemands ont fusillé M. Samain, président des Souvenirs français en Alsace. Fusillade aux avant-postes. Cette nuit, croiseur allemand Méditerranée a lancé quelques obus sur Bône et

Philippeville, dégâts peu importants. Salué par les applaudissements de la Chambre des communes anglaise, ministre des affaires étrangères anglais a fait déclaration qui se résume dans la double affirmation que flotte anglaise garantit France contre flotte allemande et que Grande-Bretagne appelée par le roi Belges se prononce très fortement pour la neutralité de la Belgique, a ajouté que sa neutralité étant violée, l'Angleterre devait user de toutes ses forces pour la faire respecter, en conséquence mobilisation flotte et armée anglaises aurait lieu à minuit. L'armée allemande a violé la neutralité des territoires hollandais et belge dans la journée d'hier ; le curé de Moineville a été fusillé par soldats allemands. En Russie la mobilisation s'opère sur tout le territoire de l'empire avec un ordre parfait et un merveilleux élan patriotique. »

## 4 AOUT 1914

## L'Angleterre déclare la guerre à l'Allemagne

La neutralité belge aurait été violée par les Allemands.
Des Zeppelins allemands ont survolé Lunéville et ont laissé tomber quelques bombes qui n'ont fait aucun dégât.
Quelques engagements sont signalés à la frontière entre éclaireurs allemands et avant-postes français.

## 5 AOUT 1914

## Les Allemands devant Liége

*Nouvelles diverses publiées par les Journaux*

M. de Shœn, ambassadeur d'Allemagne, a demandé ses passeports. Les relations diplomatiques ont été rompues avant-hier mardi, 3 août, à 5 h. 45 du soir. « La guerre est déclarée. »

Le prétexte de la déclaration de guerre est que des aviateurs français auraient jeté des bombes sur Nuremberg et survolé la Belgique.

L'ambassadeur d'Allemagne est reconduit à la frontière par train spécial mis à sa disposition.

L'ambassadeur de France à Berlin, M. Jules Cambon, est invité à demander ses passeports et à quitter Berlin, après avoir protesté contre la violation du Luxembourg et l'ultimatum envoyé à la Belgique.

Une flottille s'est emparée, dans le détroit du Pas-de-Calais, d'un quatre mâts allemand.

Une compagnie allemande a été vue sur le territoire français, dans un bois à l'est de Saint-Marcel, au confluent de Jarry, près Briey ; elle s'est retirée.

Une patrouille de uhlans a été vue à Ambérneville, elle a été poursuivie par une patrouille de chasseurs et s'est réfugiée au-delà de la frontière.

Un croiseur allemand, le *Breslau*, a tiré, le 4 août, vers 4 heures du matin, une soixantaine d'obus contre Bône, tuant un homme et endommageant quelques immeubles ; il s'est dirigé vers l'Ouest, où il serait engagé avec la flotte anglaise.

M. Lutaud, gouverneur général de l'Algérie, a fait publier la proclamation suivante :

« Algériens,

« L'heure décisive a sonné. L'Allemagne a déclaré la guerre à la noble et pacifique France. Vous enregistrerez avec orgueil dans votre histoire l'immense honneur d'avoir reçu le premier choc.

« Ce matin, Bône a été bombardée à 4 heures. Philippeville a eu le même sort à 5 heures. Il y a peu de victimes. Je vous notifie d'urgence ces événements, parce que je sais qu'ils ne vous feront pas trembler. Ils exalteront simplement l'héroïsme dont nos ancêtres ont donné tant de preuves et que vous êtes prêts à déployer à votre tour. Vous défendrez la France jusqu'à la mort, parce qu'elle est un grand foyer d'idéal, parce que, si elle disparaissait, la civilisation reculerait de plusieurs siècles. Vous défendrez l'Algérie jusqu'au sacrifice suprême. »

La Chambre s'est réunie hier.

M. Deschanel a prononcé l'éloge funèbre de Jean Jaurès. M. Viviani a lu le message présidentiel et a fait une déclaration révélant la fourberie allemande.

Les projets de loi ci-après ont ensuite été déposés et adoptés :

1° Modification de la loi de 1879 sur les crédits supplémentaires ;

2° Attribution aux familles nécessiteuses de l'indemnité journalière de 1 fr. 25 et 0 fr. 50 par enfant ;

3° Autorisation donnée à la Banque de France d'élever le chiffre de ses billets de 6 à 12 milliards ;

4° Attribution aux fonctionnaires civils d'une solde égale à leur traitement ;

5° Généralisation du moratorium des effets de commerce aux autres échéances, celle des loyers par exemple ;

6° Organisation des cours d'appel et des tribunaux de première instance pour le temps de guerre ;
7° Organisation des suppléances aux postes de magistrats ;
8° Droit donné aux gouverneurs des colonies de suspendre les droits sur les denrées alimentaires ;
9° Droit donné aux banques coloniales de ne pas rembourser en espèces les billets émis ;
10° Etablissement de l'état de siège pendant la durée de la guerre dans 86 départements ;
11° Amnistie à tous les déserteurs et insoumis qui demanderont à être incorporés ;
12° Autorisation donnée aux Alsaciens-Lorrains de servir dans l'armée française ;
13° Autorisation donnée à l'autorité militaire de pourvoir par réquisition à la nourriture des non combattants ;
14° Affectation, au fur et à mesure des besoins, des officiers et sous-officiers de la territoriale à la réserve et ceux de la réserve à l'active ;
15° Répression des indiscrétions de la presse ;
16° et 17° Nomination immédiate des Saint-Cyriens au grade de sous-lieutenant.

Le Sénat s'est également réuni.
Même enthousiasme en ce qui concerne le message du Président et la déclaration du président, M. Dubost. Les projets de loi votés par la Chambre sont adoptés.
L'Italie reçoit notification du gouvernement allemand des actes d'hostilité des Français. Le gouvernement italien ne modifie pas son attitude de neutralité.
Le Japon se déclare prêt à agir avec la Triple-Entente.
La Suisse prépare la mobilisation générale.
Les Allemands sont expulsés de Monaco.
Les Serbes prennent l'offensive contre les Autrichiens qui n'ont pas pu passer le Danube et la Save.

*1 heure matin. Dépêche officielle.*

Hier matin, Chambre des députés, spontanément debout a écouté avec émotion profonde et patriotique enthousiasme discours président Deschanel glorifiant Jaurès et saluant union nationale contre agression étrangère au cri « Vive la France ! ». Assemblée ordonne affichage discours de son président. Lecture par président du conseil du message du chef de l'Etat accueilli par applaudissements unanimes répétés, particulièrement vibrants aux passages stigmatisant violations successives neutralité commises par Allemagne et déclarant confiance et admiration pour armée et marine nationales. Déclaration ministérielle écoutée comme page d'histoire. Longue ovation à Président du conseil qui soulève nouvel et splendide enthousiasme de la Chambre lorsqu'il salue peuples amis et alliés et affirme rôle glorieux de la France de combattre encore pour droit et liberté menacée dans Europe entière par duplicité et violence germaniques. Même enthousiasme au Sénat à lecture message Président République et déclaration gouvernementale. Vote unanime dans les deux assemblées des projets de lois nécessités par état de guerre. Séance levée dans l'une et l'autre Chambre au milieu des cris mille fois répétés : « Vive la France ! Vive la République ! » Notre ambassadeur à Londres, M. Cambon, télégraphie au ministre des affaires étrangères à Paris que mobilisation de toutes les forces métropolitaines vient d'être ordonnée. Les opérations de notre mobilisation se poursuivent dans le plus grand ordre et le plus grand calme, les réservistes ont achevé de rejoindre pour la plupart et l'état moral est excellent. Aucun incident sur notre frontière. Des reconnaissances de cavalerie et des patrouilles d'infanterie franchissent partout notre frontière. Une compagnie d'infanterie allemande est entrée à Jœuf-Homécourt, elle a saccagé le bureau des douanes et le bureau des télégraphes.

Un escadron de dragons s'est porté à Villars-la-Montagne, il a été refoulé par un détachement de chasseurs à pied français qui a fait un sous-officier prisonnier. Deux escadrons de uhlans sont venus jusqu'à Mercy-en-Bers. Un régiment de cavalerie allemande qui s'était avancé jusqu'à Morfontaine s'est replié sous la menace d'une compagnie française. Dix-sept Alsaciens qui essayèrent de gagner la France ont été fusillés à Mulhouse. La guerre a été déclarée par l'Allemagne à la Belgique le 4 août, à 8 h. 30. Le territoire belge a été envahi à Aix-la-Chapelle, à Recht. Quelques escarmouches ont eu lieu de Liége à Visé qui est incendié. Des civils ayant tiré des coups de feu, les Allemands ont procédé à un certain nombre d'exécutions sommaires. Des dirigeables ont évolué sur Bruxelles. La population exaspérée se livre à des manifestations contre l'Allemagne. En Angleterre, le gouvernement britannique n'ayant reçu aucune réponse de Berlin au sujet de la neutralité belge, objet de l'ultimatum, et ayant appris que l'ambassadeur d'Angleterre à Berlin avait reçu ses passeports, a prévenu les escadres anglaises que la guerre avec l'Allemagne commencerait le soir même, mardi, à 11 heures. En Alsace, les Allemands continuent à fusiller les Alsaciens soupçonnés de fournir des renseignements. Le maire de Saale a été fusillé pour avoir essayé de porter en France la déclaration de l'état de siège en Allemagne. Sur la frontière suisse, une patrouille de cavalerie allemande venue à Rechéry a été chassée par des cavaliers français, trois cavaliers allemands ont été tués, deux autres ont été faits prisonniers, le reste est passé en Suisse et a été désarmé par les troupes fédérales.

# 6 AOUT 1914

## Message du Président de la République
## Déclaration de M. Viviani aux Chambres françaises
## Nouvelles diverses

On affiche le message du Président de la République :

« Messieurs les Députés,

« La France vient d'être l'objet d'une agression brutale et préméditée qui est un insolent défi au droit des gens. Avant qu'une déclaration de guerre nous eut encore été adressée, avant même que l'ambassadeur d'Allemagne eut demandé ses passeports, notre territoire a été violé. L'empire d'Allemagne n'a fait hier soir que donner tardivement le nom véritable à un état de fait qu'il avait déjà créé depuis plus de quarante ans.

« Les Français, dans un amour sincère de la paix, ont refoulé au fond de leur cœur le désir des réparations légitimes. Ils ont donné au monde l'exemple d'une grande nation qui, définitivement relevée de la défaite par la volonté, la patience et le travail, n'a usé de sa force renouvelée et rajeunie que dans l'intérêt du progrès et pour le bien de l'humanité. Depuis que l'ultimatum de l'Autriche a ouvert une crise menaçante pour l'Europe entière, la France s'est attachée à suivre et à recommander partout une politique de prudence, de sagesse et de modération. On ne peut lui imputer aucun acte, aucun geste, aucun mot qui n'ait été pacifique et conciliant.

A l'heure des premiers combats, elle a le droit de se rendre solennellement cette justice qu'elle a fait, jusqu'au dernier moment, des efforts suprêmes pour conjurer la guerre qui vient d'éclater et dont l'empire d'Allemagne supportera devant l'histoire l'écrasante responsabilité.

« Au lendemain même du jour où nos alliés et nous nous exprimions publiquement l'espérance de voir se poursuivre pacifiquement les négociations engagées sous les auspices du cabinet de Londres, l'Allemagne a déclaré subitement la guerre à la Russie. Elle a envahi le territoire du Luxembourg. Elle a outrageusement insulté la noble nation belge, notre voisine et notre amie, et elle a essayé de nous surprendre traîtreusement en pleine conversation diplomatique.

« Mais la France veillait, aussi attentive que pacifique. Elle s'était préparée et nos ennemis vont rencontrer sur leur chemin nos vaillantes troupes de couverture qui sont à leur poste de bataille et à l'abri desquelles s'achèvera méthodiquement la mobilisation de toutes nos forces nationales.

« Notre belle et courageuse armée, que la France accompagne aujourd'hui de sa pensée maternelle, s'est levée, toute frémissante, pour défendre l'honneur du drapeau et le sol de la patrie.

« Le Président de la République, interprète de l'unanimité du pays, exprime à nos troupes de terre et de mer l'admiration et la confiance de tous les Français. Etroitement unie en un même sentiment, la nation persévérera dans le sang-froid dont elle a donné, depuis l'ouverture de la crise, la preuve quotidienne. Elle saura, comme toujours, concilier les plus généreux élans, les ardeurs les plus enthousiastes avec cette maîtrise de soi qui est le signe des énergies durables et la meilleure garantie de la victoire.

« Dans la guerre qui s'engage, la France aura pour elle le droit dont les peuples, non plus que les individus, ne sauraient impunément méconnaître l'éternelle puissance morale. Elle sera héroïquement défendue par tous ses fils, dont rien ne brisera devant l'ennemi l'union sacrée, et qui sont aujourd'hui fraternellement assemblés dans une même indignation contre l'agresseur, et dans une même foi patriotique.

« Elle est fidèlement secondée par la Russie, son alliée. Elle est soutenue par la loyale amitié de l'Angleterre, et déjà, de tous les points du monde civilisé, viennent à elle les sympathies et les vœux, car elle représente aujourd'hui une fois de plus, devant l'univers, la liberté, la justice et la raison.

« Haut les cœurs et vive la France !

« POINCARÉ. »

### Déclaration de M. Viviani

« ..... C'est donc avec un juste étonnement que les cabinets de Paris, de Saint-Pétersbourg et de Londres apprirent, le 26 juillet, que le ministre d'Autriche à Belgrade, après un examen de quelques minutes, avait déclaré inacceptable la réponse serbe et rompu les relations diplomatiques. Cet étonnement s'aggravait de ce fait que, dès le vendredi 25, l'ambassadeur d'Allemagne était venu lire au ministre français des affaires étrangères une note verbale affirmant que le conflit autro-serbe devait demeurer localisé sans intervention des grandes puissances, faute de quoi on pourrait redouter des conséquences incalculables.

« Une démarche analogue fut faite, le samedi 26, à Londres et à Saint-Pétersbourg.

« Est-il besoin, messieurs, de vous signaler combien les termes menaçants employés par l'ambassadeur d'Allemagne à Paris contrastaient avec les sentiments conciliants dont les puissances de la Triple-Entente venaient de fournir la preuve, par les conseils de soumission qu'elles avaient donnés à la Serbie.

« Néanmoins, sans nous arrêter au caractère anormal de la démarche allemande, nous avons, d'accord avec nos alliés et nos amis, immédiatement engagé une action en conciliation, en invitant l'Allemagne à s'y associer.

« Nous avons de suite compris que nous ne trouvions nul écho à Berlin.

« Cependant, à la suggestion du gouvernement britannique, toujours attaché de la façon la plus ferme au maintien de la paix européenne, les négociations se poursuivaient, ou, plus exactement, les puissances de la Triple-Entente essayaient de les poursuivre. De ce désir commun est sortie la proposition d'une action à quatre : Angleterre, France, Allemagne et Italie, destinée, en assurant à l'Autriche toutes satisfactions légitimes, à ménager un règlement équitable du conflit.

« Le mercredi 29, le gouvernement russe, constatant l'échec persistant de ces tentatives, et en présence de la déclaration de guerre autrichienne, redoutant pour la Serbie un écrasement militaire, décida, à titre préventif, la mobilisation des troupes de quatre arrondissements militaires, c'est-à-dire des formations échelonnées le long de la frontière austro-hongroise exclusivement. Ce faisant, il prenait soin d'aviser le gouvernement allemand que cette mesure, limitée et sans caractère offensif à l'égard de l'Autriche, n'était à aucun degré dirigée contre l'Allemagne.

« Dans une conversation avec l'ambassadeur de Russie à Berlin, le secrétaire d'Etat allemand aux affaires étrangères ne faisait point de difficultés de le reconnaître ; l'attitude négative de l'Allemagne faisait bientôt place à des mesures alarmantes.

« Depuis plusieurs jours déjà, et dans des conditions difficiles à expliquer, l'Allemagne avait préparé le passage de son armée du pied de paix au pied de guerre.

« Dès le 25 juillet au matin, c'est-à-dire avant l'expiration du délai assigné à la Serbie par l'Autriche, elle avait consigné les garnisons d'Alsace-Lorraine ; le même jour, elle avait mis en état d'armement les ouvrages proches de la frontière.

« Le 26, elle avait prescrit aux chemins de fer des mesures préparatoires à la concentration. Le 27, elle avait effectué les réquisitions et mis en place les troupes de couverture.

« Le 28, les appels individuels avaient commencé, et les éléments éloignés de la frontière en avaient été rapprochés.

« Toutes ces mesures, poursuivies avec une méthode implacable, pouvaient-elles nous laisser des doutes sur les intentions de l'Allemagne ?

« Telle était la situation, lorsque le 31 juillet au soir le gouvernement allemand, qui depuis le 24 n'avait participé par aucun acte positif aux efforts conciliants de la Triple-Entente, adressa au gouvernement russe un ultimatum. Il prétendait que la Russie avait ordonné la mobilisation générale de ses armées, et il exigeait, dans un délai de douze heures, l'arrêt de cette mobilisation.

« Cette exigence est d'autant plus blessante dans la forme que, quelques heures plus tôt, l'empereur Nicolas II, dans un geste de confiance spontanée, avait demandé à l'empereur d'Allemagne sa médiation, au moment où, à la demande de l'Angleterre et au su de l'Allemagne, le gouvernement russe acceptait une formule de nature à préparer un règlement amiable du conflit austro-serbe et des difficultés austro-russes par l'arrêt simultané des opérations et des préparatifs de guerre.

« Le même jour, cette démarche inamicale à l'égard de la Russie se doublait d'actes nettement hostiles à l'égard de la France : rupture des communications par routes, voies ferrées, télégraphes et téléphones, saisie des locomotives françaises à leur arrivée à la frontière, placement de mitrailleuses au milieu de la voie ferrée, qui avait été coupée, concentration des troupes à la frontière.

« Dès ce moment, il ne nous était plus permis de croire

à la sincérité des déclarations pacifiques que le représentant de l'Allemagne continuait de nous prodiguer.

« Nous savions qu'à l'abri de l'état de guerre proclamé, l'Allemagne mobilisait.

« Nous apprenions que six classes de réservistes avaient été appelées et que des transports de concentration pour ces corps d'armée étaient même stationnés à une notable distance de la frontière.

« Le même soir, à 7 heures et demie, l'Allemagne, sans égard à l'acceptation par le cabinet de Saint-Pétersbourg de la proposition anglaise que j'ai rappelée plus haut, déclarait la guerre à la Russie.

« Le lendemain 2 août, les troupes allemandes franchissaient la frontière en trois points différents, puis elles violaient la neutralité du Luxembourg, la neutralité de la Belgique était menacée.

« Depuis lors, messieurs, les agressions se sont renouvelées, multipliées et accumulées ; sur plus de quinze points notre frontière a été violée.

« Des coups de fusil ont été tirés contre nos soldats et nos douaniers. Il y eut des morts et des blessés. Hier, un aviateur militaire allemand a lancé trois bombes sur Lunéville.

« L'ambassadeur d'Allemagne, à qui nous avons communiqué ce fait, ainsi qu'à toutes les grandes puissances, ne les a pas démentis et n'en a pas exprimé les regrets. Par contre, il est venu hier soir me demander ses passeports et nous notifier l'état de guerre, en arguant, contre toute vérité, d'actes d'hostilité commis par des aviateurs français en territoire allemand dans la région de l'Eiffel et même sur le chemin de Carlsruhe à Nuremberg.

« Voici la lettre qu'il m'a remise à ce sujet :

« Paris, 3 août.

« Monsieur le Président,

« Les autorités administratives et militaires allemandes
« ont constaté un certain nombre d'actes d'hostilités carac-
« térisés commis sur le territoire allemand par des avia-
« teurs militaires français. Plusieurs de ces derniers ont
« manifestement violé la neutralité de la Belgique, survo-
« lant le territoire de ce pays.
« L'un a essayé de détruire des constructions près de
« Wesel ; d'autres ont été aperçus sur la région de l'Eiffel;
« un autre a jeté des bombes sur le chemin de fer près de
« Carlsruhe et de Nuremberg.
« Je suis chargé et j'ai l'honneur de faire connaître à
« Votre Excellence qu'en présence de ces agressions, l'em-
« pire allemand se considère en état de guerre avec la
« France du fait de cette dernière puissance.
« J'ai en même temps l'honneur de porter à votre con-
« naissance que les autorités allemandes retiendront les
« navires marchands français dans les ports allemands,
« mais qu'elles les relâcheront si, dans les quarante-huit
« heures, la réciprocité complète est assurée.
« Ma mission diplomatique ayant ainsi pris fin, il ne me
« reste plus qu'à prier Votre Excellence de vouloir bien
« me munir de mes passeports et de prendre les mesures
« qu'elle jugerait utile pour assurer mon retour en Alle-
« magne, ainsi que celui du personnel de la légation de
« Bavière et du consulat général d'Allemagne à Paris.
« Veuillez agréer, monsieur le Président, l'expression de
« ma très haute considération.

« Signé : SCHOEN. »

« Ai-je besoin, Messieurs, d'insister sur l'absurdité de ces prétextes que l'on voudrait présenter comme des griefs ?

« A aucun moment, aucun aviateur français n'a commis, ni en Bavière, ni dans aucune autre partie de l'Allemagne, aucun acte d'hostilité.

« L'opinion européenne a déjà fait justice de ces inventions misérables.

« Contre cette attaque qui viole toutes les lois de l'équité et toutes les règles du droit public, nous avons, dès maintenant, pris toutes les dispositions nécessaires. L'exécution s'en poursuit avec une rigoureuse méthode et un absolu sang-froid. La mobilisation de l'armée russe se continue également avec une énergie remarquable et un enthousiasme sans restriction.

« L'armée belge, mobilisée à 250.000 hommes, se dispose à défendre avec une magnifique ardeur la neutralité et l'indépendance de son pays.

« La flotte anglaise est mobilisée tout entière et l'ordre a été donné de mobiliser l'armée de terre. A la Chambre des Communes, le secrétaire d'Etat aux affaires étrangères a parlé de la France, aux applaudissements des députés, dans des termes élevés, chaleureux, et son langage a déjà profondément retenti dans tous les cœurs français.

« Je tiens, au nom du gouvernement de la République, à remercier, du haut de la tribune, le gouvernement anglais de la cordialité de ses paroles et le Parlement français s'associera à ce sentiment.

« Le secrétaire d'Etat aux affaires étrangères a fait, notamment, la déclaration suivante : « Dans le cas où l'es-
« cadre allemande franchirait le détroit ou remonterait la
« mer du Nord pour doubler les Iles-Britanniques dans le
« but d'attaquer les côtes françaises ou la marine de guerre
« française et d'inquiéter la marine marchande française,
« l'escadre anglaise interviendrait pour prêter à la marine
« française son entière protection, de sorte que, dès ce

« moment, l'Angleterre et l'Allemagne seraient en état de « guerre. »

« Dès maintenant, la flotte anglaise couvre donc nos côtes du Nord et de l'Ouest contre une agression allemande.

« Messieurs, voilà les faits : je crois que, dans leur rigoureux enchaînement, ils suffisent à justifier les actes du gouvernement de la République.

« L'Allemagne n'a rien à nous reprocher ; nous avons consenti à la paix un sacrifice sans précédent, en portant un demi-siècle silencieux, à nos flancs, la blessure ouverte par elle. Nous en avons consenti d'autres, dans tous les débats que, depuis 1904, la diplomatie allemande a systématiquement provoqués, soit au Maroc soit ailleurs, aussi bien en 1904 qu'en 1906, en 1908 qu'en 1911.

« La Russie, elle aussi, a fait preuve d'une grande modération lors des événements de 1908. Comme dans la crise actuelle, elle a observé la même modération, et la Triple-Entente avec elle, quand, dans la crise orientale de 1912, l'Autriche et l'Allemagne ont formulé, soit contre la Serbie, soit contre la Grèce, des exigences discutables pourtant, l'événement l'a prouvé.

« Inutiles sacrifices, stériles transactions, vains efforts ! Puis aujourd'hui, en pleine action de conciliation, nous sommes, nos alliés et nous, attaqués par surprise. Nul ne peut croire de bonne foi que nous sommes les agresseurs....

« VIVIANI. »

Le 4 août, à 7 heures du soir, sir Goschen, ambassadeur d'Angleterre en Allemagne, s'est rendu à la Wilhelmtrasse, a remis la déclaration de guerre de l'Angleterre et a réclamé ses passeports. L'état de guerre a commencé à 11 heures du soir.

Une partie de la flotte allemande de la Baltique a franchi le canal de Kiel est s'est massée au large du Jutland.

La mobilisation hollandaise, qui a mis en mouvement

240.000 hommes, a été terminée en 24 heures. Les dispositions sont prises pour ouvrir instantanément les écluses et pour inonder les régions qui seraient envahies.

Le conseil de la couronne de Roumanie a décrété la neutralité de la Roumanie.

Le gouvernement turc a décidé de garder la neutralité et a fermé les Dardanelles et le Bosphore aux navires de guerre étrangers.

Le gouvernement suédois a décrété la neutralité de la Suède.

Les Allemands sont entrés dans la province de Liége au sud d'une ligne passant par Aix-la-Chapelle et Visé, ils sont arrivés dans les environs de Hervé, Epepinster et Remouchamps. 150 automobiles allemandes, chargées chacune de dix hommes, ont pénétré dans Visé à l'improviste. Les Allemands ont construit un pont de fortune au nord de Visé.

Un détachement de cavalerie allemande, pour franchir la Meuse à gué, a dû violer la neutralité hollandaise.

*Première dépêche officielle du 6 août, 3 h. soir.*

D'après les renseignements parvenus à Paris, M. J. Cambon, ambassadeur de France à Berlin, après avoir reçu du gouvernement impérial ses passeports, a dû quitter le territoire allemand par ses propres moyens. Aucune facilité ne lui a été donnée pour rentrer en France. Etant donné l'état des communications, il s'est vu dans l'obligation de se rendre en Danemarck, où il se trouve encore. A ce propos, il n'est pas inutile de rappeler que M. de Schoen, ambassadeur d'Allemagne en France, lorsqu'il a quitté Paris, a été reconduit jusqu'à la frontière dans un train spécial.

En Alsace-Lorraine : Les Allemands continuent, en Alsace-Lorraine, leurs campagnes de fausses nouvelles ; on annonce que les Chambres françaises se sont prononcées, à une grosse majorité, contre la guerre ; que la Commune a été proclamée à Paris, que le Président de la République a été assassiné en Russie.

Le gouvernement russe a ordonné la mobilisation de 11 classes de milice.

*Les Allemands à Trieux* (Trieux, hier, à 1 h. 1/2). — Un demi-peloton de cavalerie et un peloton d'infanterie sont entrés à Trieux, près Briey.

3 croiseurs allemands aux Antilles : 5 croiseurs allemands sont signalés dans les eaux du Mexique et des Antilles.

L'attaque des Allemands contre Liége se développe et s'accentue.

Les aéronautes et aviateurs français ont été autorisés à survoler le territoire belge. Ordre a été donné par contre de tirer sur les aviateurs allemands.

L'armée belge a coupé toutes les voies de communication entre la Belgique et le Luxembourg.

Des dragons allemands ont été surpris à Norroy-le-Sec par des cavaliers français, les pertes allemandes sont de 5 tués, 2 blessés, il y a 1 prisonnier, aucune perte française.

Pour assurer l'approvisionnement en farine de la population civile et parer à l'insuffisance actuelle du personnel des minoteries, le ministre de la guerre décide que les généraux commandant les régions territoriales auront qualité pour accorder des sursis d'appel aux hommes des réserves dont la présence est absolument nécessaire au fonctionnement des moulins ainsi qu'aux mécaniciens de machines à battre le blé. Il sera rendu compte du nombre de sursis ainsi accordés.

L'administration militaire reçoit en ce moment de très nombreuses propositions ou offres de services de toute nature pour la fabrication du matériel, approvisionnements, etc... Dans l'impossibilité où il se trouve en ce moment de répondre à bref délai aux auteurs de ces diverses communications, le ministre de la guerre tient à leur exprimer sa reconnaissance et à les assurer que leurs propositions sont immédiatement examinées avec tout l'intérêt qui s'attache particulièrement, dans les circonstances présentes, aux questions touchant la défense nationale.

Le ministre de la guerre a décidé que les engagements volontaires pour la durée de la guerre ne seraient pas reçus avant le vingtième jour de la mobilisation, pour éviter l'encombrement des dépôts et les entraves possibles aux transports par voie ferrée. Il y aura lieu, cependant, de faire exception pour les hommes exerçant une profession technique utilisable (en particulier les aviateurs, ouvriers utiles aux services de l'aviation, et conducteurs d'automobiles munis de leur permis de conduire, les hommes de cette dernière catégorie pourront s'engager immédiatement pour la durée de la guerre).

*Deuxième dépêche officielle, 7 h. du soir.*

Mobilisation russe se poursuit avec régularité parfaite, concentration sera accomplie avant le terme prévu.

Journée de mercredi 5 août a été pour troupes de la défense de Liége une épreuve glorieuse. Attaques des Allemands contre les forts de Liége ont été repoussées après un combat acharné par lequel les troupes belges ont fait preuve de très grande valeur. Belges ont détruit un certain nombre de ponts, de Libremont à Recogne notamment. Roi a pris commandement en chef.

*Armée de l'Est.* — Aucun engagement sérieux. A Morfontaine, près Longwy, les Allemands ont fusillé deux jeunes gens de 14 ans qui avaient prévenu les gendarmes français de l'arrivée de l'ennemi à Blamont (Meurthe-et-Moselle).

Sous-officier français blessé a été achevé par les Allemands.

Des torpilleurs anglais visitent tous les bâtiments passant par Gibraltar.

Tsar Nicolas a reçu hier en audience, à Péterhoff, notre ambassadeur, M. Paélogue. Tsar a tenu à exprimer son admiration envers France pour sa fidélité à l'égard de son alliée. A l'issue de cette entrevue, tsar a serré M. Paélogue dans ses bras, disant qu'il embrassait toute la France.

Angleterre a fait une démarche par voie télégraphique auprès gouvernements hollandais et norvégien pour attirer leur attention sur le fait que question indépendance Belgique n'intéresse pas seulement ce dernier pays, car la même question était posée pour toutes les puissances riveraines des mers du Nord. Angleterre est prête à se joindre dans une action commune pour défendre l'indépendance de la Hollande et de la Norvège, si elles venaient à être attaquées. L'Angleterre se trouvera à côté de toute puissance qui se trouvera dans les conditions de la Belgique.

## 7 AOUT 1914

### Héroïque résistance de Liége
### Nouvelles diverses

Dans la journée du 5, le général Leman, qui commande les troupes belges, a repoussé toutes les attaques, elles ont livré en rase campagne une véritable bataille dans l'intervalle de la Vesdre et de la Meuse. Les Allemands en retraite ont passé en partie sur le territoire hollandais. Les troupes belges ont ramassé dans les lignes allemandes environ 600 blessés.

*Proclamation du roi des Belges.*

« Sans la moindre provocation de notre part, un voisin orgueilleux de sa force a déchiré les traités portant sa signature, violé les territoires de nos pères, parce que nous avons refusé de forfaire à l'honneur, il nous attaque.

« Le monde est émerveillé de notre attitude loyale. Que son estime et son respect nous réconfortent. En voyant son indépendance menacée, la nation a frémi, ses enfants ont bondi à la frontière.

« Vaillants soldats, je vous salue au nom de la Belgique, vous triompherez, car vous êtes la force mise au service du droit. Gloire à vous, soldats de la liberté, défenseurs de vos foyers menacés. »

Le 5 août, la reine de Hollande a déclaré une partie du pays en état de guerre.

Un violent combat naval est engagé au nord de l'Ecosse, on dit que la flotte anglaise aurait coulé deux cuirassés allemands et capturé un troisième.

De nombreux vapeurs allemands ont été capturés dans la mer du Nord et dans la Baltique.

Le bateau pétrolier allemand *Tsar Nicolas II* a été capturé au large de Bizerte par les torpilleurs de la défense de Bizerte.

L'Angleterre a pris possession de deux cuirassés turcs et de deux contre-torpilleurs chiliens qui avaient été construits dans ses chantiers pour ces deux puissances.

Le navire autrichien *Tauras*, qui avait une large voie d'eau, s'est réfugié à Brindisi.

Les troupes russes se sont établies sur la plus grande partie de la frontière russo-allemande, en contact avec l'ennemi. Les troupes allemandes se sont repliées à une journée de marche, incendiant les villages.

Les Serbes ont battu les Autrichiens à Lunbovina, sur la frontière de Bosnie. Les Autrichiens ont eu 12 officiers tués, plusieurs centaines de soldats tués et blessés.

Les corps autrichiens dont la concentration était faite sur la frontière serbe, viennent d'être dirigés contre les Russes.

Le bombardement de Belgrade continue, les Autrichiens n'ont pas encore franchi la frontière serbe.

*Première dépêche officielle, 7 août, 11 h. du matin.*

La bataille devant Liége se poursuit avec acharnement, la résistance du camp retranché et de la ville continue avec une inlassable énergie. Voici les renseignements parvenus à ce sujet : Armée allemande a pu utiliser les parcs légers de siège dont elle était munie contre les forts de Liége qui datent de 30 ans, deux de ces forts ont été réduits par l'artillerie allemande et les colonnes allemandes ont dû passer sur ce point. Les autres forts continuent à tenir. Les Belges résistent avec acharnement devant la ville et se préparent à une défense pied à pied par un combat dans les rues. La situation, d'après les derniers télégrammes reçus, peut être appréciée comme suit : il était certain que les ouvrages de Liége ne pourraient pas arrêter l'armée allemande. La seule question était de savoir s'ils la retarderaient, ce retard de plus de 36 heures est aujourd'hui acquis ; d'autre part, la lutte très chaude que l'armée allemande a eu à soutenir hier et doit soutenir encore l'obligera à s'arrêter pour se ravitailler. L'armée allemande, si elle réussissait à s'emparer de Liége, trouverait sur son passage le camp retranché de Namur, où les Belges se préparent à soutenir une défense aussi énergique que celle qu'ils soutiennent depuis hier matin. L'armée belge remplit donc entièrement et brillamment le rôle propre qui lui appartient et qui est de retarder la marche en avant de l'armée allemande. Les officiers allemands faits prisonniers par les Belges ont avoué que la résistance de Liége n'avait pas été prévue, ils n'ont pas caché leur surprise, l'un d'eux a dit : « Nous étions tous convaincus que Liége ne se défendrait pas, il est donc certain que le plan de l'état-major allemand est gêné dans son exécution par la résistance opiniâtre de l'armée belge. L'état des esprits en Belgique est excellent, la population tout entière est soulevée contre les envahisseurs. Les violences commises à Visé par les Allemands contre les habitants paisibles a porté au comble l'indignation. La défense de Liége contre un adversaire formidablement supérieur par le nombre et l'armement montre ce que sera la suite de la campagne. Sur mer, le mouilleur de mines français *Pluton* a capturé et ramené à Cherbourg un navire de commerce allemand de 5.000 tonnes. Le croiseur anglais *Amphion* a coulé le mouilleur de mines allemand *Kœnigen-Luise*, de 1.800 tonnes de déplacement.

En Serbie, Belgrade résiste toujours ; les Autrichiens ont recommencé hier à bombarder violemment la ville.

Sur toute la frontière on signale des escarmouches sans importance.

Dans le Sondjak, après une démonstration faite sur Pribejo par les compagnies autrichiennes, celles-ci durent se retirer.

La bataille de Liége continue, les pertes allemandes sont très importantes. Les Belges se défendent avec une magnifique vigueur.

Un très grand nombre d'Italiens résidant en France demandent à contracter un engagement pendant la durée de la guerre. Leur enthousiasme est très grand, notamment en Savoie ; ils acclament au départ nos réservistes et nos territoriaux.

Les envois d'objets de pansement, ouate, gaze, bandes, etc..., seront précieux à l'armée belge qui lutte si vaillamment contre l'assaut allemand. Le concours de toute la France est assuré à cet égard comme aux autres à nos valeureux voisins.

Le grand-duc Nicolas, commandant en chef des armées russes, a adressé au général Joffre l'assurance de sa foi absolue dans la victoire et de son attachement. A côté de son fanion, le généralissime russe fera porter, au cours de la campagne, le fanion français que le général Joffre lui a donné lorsqu'il y a deux ans ce dernier est allé assister aux manœuvres russes.

Les Alsaciens-Lorrains se présentent toujours de plus en

plus nombreux dans notre armée, leur confiance dans le succès et leur ardeur sont impressionnants.

Les armateurs de Barcelone se refusent, en raison de l'état de guerre, à assurer le rapatriement des réservistes allemands.

Le calme a été à peu près complet sur tout le front. Les opérations de mobilisation et de concentration s'exécutent sans incidents. Nos troupes qui jusqu'au jour de la déclaration de guerre avaient respecté une zone de 8 kilomètres en deçà de la frontière, l'ont franchie sur divers points. Nos escadrons ont occupé Vic et Moyenvic.

Dans le Luxembourg, les Allemands n'ont pas encore débouché plus au nord, plusieurs corps d'armée sont entrés en Belgique.

Une bataille acharnée a été livrée à Liége même et pour pouvoir déboucher sur la rive gauche de la Meuse, les Allemands ont pénétré sur le territoire hollandais.

Les troupes allemandes sont entrées dans Liége, mais aucun des forts n'a succombé, la position continue donc à dominer les routes, le combat dans les rues a été d'une extrême violence, toute la population vibre d'un enthousiasme admirable. Une tentative d'assassinat, heureusement déjouée, que les soldats allemands déguisés ont dirigée contre le gouverneur de la ville, a provoqué une indignation violente. Les pertes infligées aux assaillants sont considérables, on assure qu'un général est prisonnier. Les Belges ont pris 27 canons, leur moral est intact, les volontaires sont de plus en plus nombreux. Le haut commandement est plein de sang-froid et de décision. La proclamation du roi a enthousiasmé l'armée et la population.

Tous les témoignages concordent pour déclarer que les opérations de mobilisation se poursuivent en Russie avec un ordre parfait, l'ardeur nationale est surexcitée. La police est obligée de prendre les plus rigoureuses mesures pour protéger les sujets allemands et leurs établissements. Le peuple tout entier rend l'Allemagne responsable de la guerre ; « il faut détruire la Prusse qui nous a traîtreusement attaqués », tel est le mot qui est sur toutes les lèvres. Quant à la France, pour qui le peuple a toujours ressenti une sympathie spontanée, sa décision provoque une gratitude générale. Les pyasans surtout sont exaltés par la pensée que la nation sœur, fidèle à sa parole, a tiré l'épée avec la Russie.

A Ventron, près de Belfort, des chasseurs français ont surpris deux officiers allemands en reconnaissance ; les chasseurs, décidés à s'en saisir, ont tué les chevaux à bout portant et fait prisonniers les cavaliers.

L'autorité militaire rappelle que la circulation sur les routes est interdite de 6 heures du soir à 6 heures du matin.

On sait qu'un certain nombre d'officiers péruviens accomplissaient un stage dans l'armée française, leur gouvernement vient de solliciter pour eux l'autorisation de faire la campagne dans les unités où ils sont détachés ; cette généreuse initiative a été au cœur des camarades français des officiers péruviens.

On a renforcé dans les corps d'armée le service de la justice militaire en raison de la mobilisation ; aujourd'hui jeudi, cinquième jour de la mobilisation, le service chargé de suivre les cas d'insoumission et les délits susceptibles de se produire à l'occasion de la mobilisation n'ont pas eu à agir une seule fois.

Continuant l'enquête commencée depuis quelques jours au sujet du chômage et des moyens propres à y remédier, M. Couyba, ministre du Travail et de la Prévoyance sociale, assisté de M. Fontaine, directeur du ministère, a reçu hier les délégués de plusieurs grandes corporations.

L'escadrille des torpilleurs de Bizerte a capturé un navire allemand portant 7.000 tonnes de pétrole. Ce navire a été reconduit à l'arsenal de Sidi-Abdallah. Le *Jean-Bart* et la *France* ont rallié en Méditerranée l'armée navale.

*Deuxième dépêche officielle, 8 h. du soir.*

La bataille de Liége continue et montre que la résistance des forts a été admirable et se maintient. La bataille a été particulièrement importante, plusieurs corps d'armée allemands sont engagés contre 40.000 Belges. Les pertes allemandes, morts et hors de combat, atteignent plusieurs milliers, il s'agit donc d'une véritable bataille qui est jusqu'ici favorable aux Belges.

L'Autriche-Hongrie a déclaré hier la guerre à la Russie.

En Danemarck, le gouvernement danois a rappelé six classes sous les drapeaux, il a en outre décidé de placer lui-même des mines dans les deux Belts, afin, dit le communiqué officiel, d'assurer la sécurité des communications entre les diverses parties du royaume.

Une patrouille allemande a été prise à Noményy par des cavaliers français. Les Allemands n'avaient mangé que des vivres de réserve depuis 48 heures. Ils ont été faits prisonniers parce que leurs chevaux n'avaient pas mangé depuis deux jours ; le moral des hommes est faible et il semble qu'au cours de la période de couverture le service de l'alimentation a été défectueux, au moins dans la cavalerie.

A Longwy, une reconnaissance d'infanterie française a surpris une patrouille allemande, 7 Allemands ont été tués, dont un officier, les autres se sont enfuis.

Les étrangers qui désirent contracter en France un engagement pour la durée de la guerre se présenteront au bureau de recrutement le plus proche de leur résidence, à partir du 21 août. Ils seront admis au titre de la légion étrangère et dirigés provisoirement sur l'un des dépôts suivants qui leur sera désigné par le bureau de recrutement : Blois, Orléans, Lyon, Avignon, Bayonne.

Parmi les nombreuses prises de guerre d'aujourd'hui se trouvent les paquebots allemands *Kronprinz-Celici* et *Prinz-Adalbert*, tous deux détenus à Calmouth. L'exportation du charbon de Cardiff pour l'Europe est interdite, sauf pour la France, la Russie, l'Espagne et le Portugal.

Les ministres ont tenu hier soir, à l'Elysée, un conseil au cours duquel le ministre de l'Intérieur a soumis au Président de la République un décret instituant une commission chargée d'examiner différentes questions concernant le ravitaillement de la population civile et la main-d'œuvre rurale et urbaine. Ce décret est précédé d'un rapport ainsi conçu : « Les circonstances que nous traversons font surgir de jour en jour un ensemble de problèmes d'ordre administratif et économique dont la solution doit être dégagée sans délai pour la sauvegarde des intérêts matériels et moraux du pays. Parmi ces problèmes et au premier rang il faut citer la question du ravitaillement de la population civile, de la main-d'œuvre rurale et urbaine, du chômage et de mesures d'assistance et d'hygiène qui sont pour la France vitales. Il a paru au gouvernement que l'examen de ces questions qui intéressent toute la vie profonde du pays doivent être soumises à une commission supérieure réunissant à côté des autorités les plus qualifiées, les compétences les plus hautes et les plus certaines ; cette commission, qui sera présidée par le ministre de l'Intérieur, est ainsi composée : MM. Léon Bourgeois, sénateur ; A. Briand, député ; Ribot, sénateur ; Delcassé, député; Millerand, député ; Sembat, député ; de Mun, député ; Camille Pelletan, sénateur ; Georges Cochery, député ; Milliès-Lacroix, sénateur ; Hébrard-Villeneuve, président de section au Conseil d'Etat ; Roux, directeur de l'Institut Pasteur ; de Boisson, directeur du contrôle au ministère de la guerre ; Brault, directeur général des Domaines ; Augier, directeur du contrôle et de la comptabilité au ministère de l'Intérieur ; Mirman, directeur de l'Assistance et de l'hygiène publiques au ministère de l'Intérieur ; Grunebaum-Ballin, président du Conseil de Préfecture de la Seine; Carrier, directeur du Secrét. parisien au Ministère de l'Agriculture; Chapsal, directeur honoraire au Ministère du Commerce; MM. Léon Bourgeois, A. Briand, Ribot, Delcassé, Millerand et Sembat rempliront les fonctions de vice-présidents de cette Commission qui tiendra aujourd'hui après-midi sa première réunion au Ministère de l'Intérieur, sous la présidence de M. Malvy.

---

## 8 AOUT 1914

### La Bataille d'Altkirch
### Entrée des Français à Mulhouse
### Débarquement des troupes anglaises

Proclamation lancée par le commandant du 9e corps d'armée prussien qui a violé la neutralité du Luxembourg:

« Tous les efforts les plus sérieux de S. M. l'Empereur d'Allemagne de conserver la paix ont échoué. L'ennemi a forcé l'Allemagne de tirer l'épée. La France ayant violé la neutralité du Luxembourg a commencé les hostilités contre les troupes allemandes.

« En vue de cette nécessité urgente, Sa Majesté a ordonné aux troupes allemandes de première ligne, au 9e corps, d'entrer dans le Luxembourg.

« L'occupation du Luxembourg a pourtant le seul but d'ouvrir le chemin aux opérations futures. Elle est faite sous l'assurance formelle:

« 1° Qu'elle ne sera que passagère;

« 2° Que la liberté personnelle et les biens de tous les Luxembourgeois seront complètement estimés et garantis.

« 3° Que les troupes allemandes sont accoutumées à une discipline sévère;

« 4° Que toutes les livraisons seront payées argent comptant.

« Je m'en fie au sentiment de justice du peuple Luxembourgeois qu'il sera convaincu que Sa Majesté m'a ordonné l'entrée des troupes dans le Luxembourg qu'en cédant à la dernière nécessité et forcé par la violation de la neutralité du Luxembourg de la part de la France.

« En répétant les garanties susdites, j'espère que le peuple Luxembourgeois et son gouvernement éviteront d'aggraver la tâche des troupes allemandes.

« Signé: Tulff von Tschepe und Weidenbach. »

Pour payer le train mis à la disposition pour transporter le personnel de l'ambassade, M. Jules Cambon, notre ambassadeur à Berlin, dut verser une somme de 4.000 fr. en or.

Dans la bataille devant Liége, les Allemands ont perdu 8.000 hommes.

L'armée allemande se dirigeant sur Namur est en marche dans le Luxembourg belge.

Le croiseur rapide *Amphion* a heurté une mine posée par le vapeur allemand *Konigen=Luise*. Un officier et 130 hommes ont péri. La rage des Anglais est indescriptible. Le vapeur allemand n'a pas tardé du reste à être coulé à son tour par le destroyer *Lance*. L'opération a été faite en 6 minutes et 4 coups de canon.

L'amirauté anglaise a avisé les armateurs que la flotte de la mer du Nord est en contact avec la flotte de haute mer allemande au sud de Dogger-Banck. Elle poursuit la flotte allemande vers la côte hollandaise.

Les patrouilles russes ont pénétré en Prusse sur le front Lyk-Biala, pénétrant de 15 verstes sur le territoire allemand. Ces patrouilles ont brûlé les gares de Borgimen et Biala interrompant les communications sur la ligne Lyk-Hannesbourg.

La Serbie a rompu les relations diplomatiques avec l'Allemagne et a rappelé son ministre à Berlin.

*8 août, 7 heures.*

*A la frontière d'Alsace.* — Le commissaire de police français de Petite-Croix est installé dans les bureaux du commissaire allemand de Montreux-Vieux. On n'entend pas de fusillade.

*Les Autrichiens fusillent les soldats tchèques.* — On apprend de source sûre que de nombreux soldats tchèques des régiments de Bohême ont été fusillés avant le départ.

*Les Belges coupent les communications des Allemands.* — Les troupes belges viennent de couper les communications ferrées entre Arlon et Virton; les Allemands sont mis ainsi dans l'impossibilité d'exécuter des transports dans la direction de Virton à Arthur. Les rails ont été retirés.

*Sur mer.* — Les deux croiseurs *Gœben* et *Breslau*, qui étaient revenus à Messine pour charbonner, ont repris la mer hier soir. Ils ont fait route au sud, puis à l'est. La mer du Nord et la Manche sont gardées par les flottes françaises et britanniques. Dans toutes les parties du monde, les bâtiments des deux nations agissent de concert pour assurer la maîtrise de la mer.

Quatre faits dominent la journée de vendredi : les forts de Liége tiennent toujours ; les Allemands qui, passant contre les forts, avaient jeudi envahi la ville, l'ont évacuée vendredi ; la division belge qui était venue au secours de la ville, n'a pas eu à intervenir, mais l'évacuation de la ville est indiscutablement un gros échec moral qui consacre pour le peuple belge enthousiaste, le succès de la résistance. L'opération allemande avait été basée sur l'hypothèse d'un succès rapide et, par suite, organisée avec peu d'approvisionnements. L'héroïque résistance des Belges a jeté bas cette hypothèse et le plan allemand en supporte le contre-coup. La place a dès maintenant retardé de 79 heures l'avancée allemande. C'est un résultat magnifique. L'armée de campagne belge, grossie de la division destinée à renforcer la défense de Liége, est redevenue disponible et pleine de confiance. Cette confiance a été accentuée par la suspension d'armes de quatre heures que les Allemands ont demandée pour ensevelir leurs morts.

Le débarquement des troupes anglaises est commencé. Les unités débarquées ont été saluées par les acclamations des populations ; le débarquement s'est opéré vite et en bon ordre sous la direction des missions d'officiers français parlant couramment l'anglais. Les hommes ont pris très rapidement leurs cantonnements ; les propos qu'ils tiennent montrent que l'exaspération du peuple anglais contre l'Allemagne est à son comble. Les soldats anglais sont joyeux de venir combattre pour le continent, à côté de leurs camarades français et belges. Les accords des deux états-majors ont assuré une exécution impeccable du programme de débarquement.

*Dépêche officielle, 8 août, 13 h.*

*Les succès serbes.* — Les avant-gardes serbes ont franchi la frontière de Bosnie.

*La préméditation allemande.* — Les escadrons français qui sont entrés hier en Lorraine annexée, à Vic et Moyen-Vic, ont rapporté des affiches militaires qui prouvent de façon péremptoire la préméditation des Allemands, et fournissent sur les conditions de leur mobilisation des renseignements précieux. Ils étaient résolus à la guerre et la préparaient au moment où les puissances de la Triple-Entente multipliaient leurs efforts pour le maintien de la paix.

*En Hollande.* — La plus grande activité règne dans la préparation militaire ; les positions défensives du Helder, les bouches de la Meuse et en général les territoires avoisinant les ouvrages fortifiés de la frontière sont considérés comme étant en état de guerre. Le service de navigation est arrêté pendant la nuit ; les officiers de marine en retraite sont autorisés à reprendre du service, les bateaux de pêche sont rappelés.

On procède au recensement des automobiles et à l'organisation du corps des cyclistes.

*La marine anglo-française.* — L'entente des autorités maritimes anglaises et françaises est à ce point intime que, dans la mer du Nord, les forces françaises sont sous les ordres des amiraux anglais, tandis que, dans la Méditerranée, les escadres des deux pays sont groupées sous le commandement en chef de l'amiral Boué de Lapeyrère.

Dans une séance extraordinaire, le Conseil municipal de Saint-Pétersbourg a adopté aujourd'hui l'appel suivant aux municipalités de Paris et de Londres : « Nous sommes avec vous, nos sentiments sont invariables, nous étions vos amis; dans la guerre, nous nous lèverons tous pour la protection de nos intérêts communs et pour lutter contre l'ennemi commun, hostile au monde et à l'unité fraternelle des nations. Nous apprécions votre amitié, recevez notre salut cordial. »

On a enfin reçu à Paris des nouvelles de notre ambassadeur à Berlin, M. Jules Cambon. Celui-ci est arrivé à Copenhague. On ignore dans quelles conditions il a quitté Berlin. On sait qu'à une station peu éloignée de Mecklembourg, le train dans lequel il se trouvait s'est arrêté. Le major allemand qui accompagnait notre ambassadeur prévint celui-ci qu'il ne pourrait continuer sa route vers la frontière danoise qu'en payant 3.600 marks. M. Jules Cambon exprima son étonnement qu'on ne lui eut pas réclamé cette somme à Berlin et il offrit un chèque sur une grande banque allemande. Le chèque ayant été refusé, M. Jules Cambon réunit 4.000 francs en or, en faisant une collecte parmi ses compagnons de voyage. Après avoir effectué le paiement exigé, M. Jules Cambon crut devoir demander au major sa parole d'honneur de gentilhomme et d'officier qu'il serait enfin directement conduit à la frontière danoise. Arrivé à cette frontière, notre ambassadeur gagna Copenhague.

Le wagon-salon mis à la disposition de M. de Schoen à son départ de Paris n'a pas encore été renvoyé en France.

Les Autrichiens ont incendié les gares de Zotza et de Dondoga en Herzégovine ainsi qu'un pont sur la Léma.

Ce matin, à 9 heures, ils ont à nouveau bombardé Belgrade. Des obus ont tombé sur la caserne de gendarmerie, sur le théâtre et sur divers autres points de la ville, tuant et blessant plusieurs personnes. Le bombardement continue. Un obus est tombé près du palais du prince Miloche, dans la banlieue de la capitale.

Dans sa séance du 6 août, l'Académie française a voté la motion suivante : « L'Académie française charge son directeur d'exprimer au Gouvernement ses sentiments d'unanime confiance et sa foi profonde dans la victoire de nos armées combattant pour le droit et la civilisation. »

La commission supérieure, instituée par décret en date du 6 août pour étudier les diverses questions d'ordre administratif, économique et social que font surgir de jour en jour les circonstances, s'est réunie aujourd'hui au ministère de l'Intérieur, sous la présidence de M. Malvy. La commission s'est divisée en six sous-commissions qui seront respectivement présidées par MM. Léon Bourgeois, Briand, Delcassé, Millerand, Ribot et Sembat. Ces diverses commissions ont déjà commencé à fonctionner.

M. Albert Sarraut, ministre de l'Instruction publique, a adressé des instructions aux inspecteurs d'Académie pour les inviter à instituer d'urgence, d'accord avec les municipalités, des garderies ou des classes de vacances destinées à recueillir les enfants dont les pères sont mobilisés et les mères éloignées du foyer par travaux quotidiens.

*8 août, 20 h.*

*Télégramme du roi des Belges au Président de la République.* — « Je tiens à exprimer à Votre Excellence, en mon nom et au nom de mon peuple, la plus profonde gratitude pour l'empressement avec lequel la France, garante de notre indépendance et de notre neutralité, est venue, répondant à notre appel, nous aider à repousser les armées qui, au mépris des traités, ont envahi le sol de la Belgique.

« ALBERT. »

*Réponse.* — « Je remercie Votre Majesté de son télégramme. J'avais eu l'occasion de lui donner naguère l'assurance précise des sentiments de la France pour la Belgique, l'amitié de mon pays pour le peuple belge. Les troupes françaises sont fières d'être secondées par la vaillante armée belge dans sa glorieuse lutte pour l'indépendance.

« POINCARÉ. »

D'autre part, M. le Président de la République télégraphie au roi des Belges pour l'informer que le gouvernement français avait décidé de conférer la croix de la Légion d'honneur à la ville de Liége.

*Nouveaux détails sur la bataille de Liége.* — La lutte d'artillerie a été très meurtrière pour les Allemands. Devant les forts, les obstacles accumulés sur le terrain les ont retardés, leurs pertes sont élevées. Une bataille de nuit a eu lieu à la baïonnette, l'ennemi est maintenu dans l'obscurité, il se produit quelque confusion : Une petite colonne allemande réussit à gagner la ville et à y pénétrer. Ce sont des fantassins allemands à qui on a fait prendre le bonnet de police pour tromper les Belges. Pour compléter la ruse, les hommes ont l'arme sur l'épaule. Ils se dirigent vers les bâtiments de l'état-major, mais à 50 mètres du bureau, des gendarmes les reconnaissent et les refoulent. C'est alors un violent combat dans les rues. Les Allemands sont rejetés hors la ville qu'ils ont été depuis forcés d'évacuer complètement.

Leurs pertes sont de 5.000 morts, 24 canons pris et un général prisonnier. Ils étaient 120.000 contre 40.000 Belges. Leur artillerie a mal fonctionné. Les avions allemands, pour tromper les Belges, arborent les drapeaux belges et français.

*Débarquement des troupes anglaises.* — Le débarquement des troupes anglaises continue dans un ordre parfait. L'Angleterre a mis sur pied 200.000 hommes, 20.000 ont déjà débarqué à Ostende, Calais et Dunkerque. Ils doivent se porter sur Namur pour aider l'armée belge à refouler les Allemands au-delà de la frontière.

*Capture d'une patrouille allemande.* — Dix uhlans ont été surpris hier matin sur le territoire de Baronwitz par deux gendarmes et deux douaniers. Après une vive résistance, huit ont été faits prisonniers et emmenés à Givet, deux ont été blessés. D'après leur interrogatoire, leur attitude est celle d'hommes désemparés et perdus au milieu d'un pays complètement inconnu.

*Télégramme du général Joffre au grand-duc Nicolas.* — « Je vous remercie profondément de vos compliments flatteurs et m'empresse de faire savoir à mes commandants d'armée que, de par votre volonté, le fanion français sera porté à côté du vôtre pendant cette campagne. Tous comprendront la haute signification de ce geste auguste. De mon côté, je me ferai accompagner du fanion du généralissime que vous m'avez fait l'honneur de m'offrir l'année dernière à Saint-Pétersbourg. Comme vous, j'ai une foi absolue dans la victoire, car je sais que la vaillance de nos troupes n'a d'égale que celle de l'armée russe.

« JOFFRE. »

## 9 AOUT 1914

### Nouvelles diverses
### Les troupes françaises s'emparent de deux cols des Vosges

Les troupes françaises ont franchi la frontière d'Alsace. Elles ont livré à Altkirch un combat très violent. Elles se sont emparées d'Altkirch et ont poursuivi les troupes allemandes en retraite. Elles se sont emparées de Mulhouse. Dans leur joie de voir arriver les troupes françaises, les Alsaciens-Lorrains ont arraché les poteaux-frontière.

En Alsace, le commissaire de police de Petit-Croix est installé dans les bureaux du commissaire allemand de Montreux-Vieux.

Les hostilités franco-allemandes continuent dans le Luxembourg belge sur la ligne Arlon-Tibramont.

La Hollande se prépare à résister à l'invasion allemande.

Les troupes belges viennent de couper les communications ferrées entre Arlon et Virton, les rails ont été enlevés. Les Allemands ne peuvent donc opérer aucun transport dans la direction de Virton.

Les Allemands se préparent à envahir le Luxembourg belge, ils ont été repoussés à Ronissa.

Les troupes anglaises débarquent, sous la direction d'officiers français, dans les trois ports de Calais, Dunkerque et Ostende.

Le gouvernement français a décerné la croix de la Légion d'honneur à la ville de Liége pour son héroïque résistance.

Les deux croiseurs allemands qui poursuivaient le *Lusitania* auraient été coulés par des navires de guerre anglais.

En Extrême-Orient, le croiseur russe *Arkolo* et le croiseur allemand *Emden* se seraient coulés réciproquement.

L'état de guerre est déclaré en Egypte.

La déclaration de guerre du Monténégro à l'Autriche est rendue officielle.

On annonce de Londres que le kronprinz aurait été grièvement blessé par un inconnu qui n'a pu être arrêté.

Lu sur des wagons qui transportaient les officiers du 21e régiment d'artillerie (ligne Bordeaux-Orléans-Paris) :

Déjeuner du 15 août : Cervelles de Kronprinz à la tartare. — Mamelles d'impératrice à la française. — Côtelettes d'Autrichiens à la Turque. — Rôt : Cuisses d'Autrichiennes. — Dessert : Cervelles de Prussiens glacées à la Polonaise.

Dîner du 30 août : Potage d'Allemands perlés d'Autrichiens. — Entrée : « Petits pruneaux » de Guillaume à la Franco-Russe. — Filets d'Allemands sauce madère. — Tibias d'Autrichiens glacés. — Tétons de princesses allemandes. Le tout arrosé de vin du Rhin.

Et enfin un dessin fort bien fait, représentant : à gauche, une tête de mort ; au milieu, la tête de l'empereur d'Allemagne aux moustaches en croc, entouré de ces mots : Attila — roi des Barbares — Assassin. Ce dernier mot immédiatement au-dessous de la tête à Guillaume.

*9 août, 11 h. 1/2.*

## Occupation d'Altkirch et de Mulhouse par les troupes françaises

L'entrée de l'armée française en Alsace est un événement historique que saluent les acclamations du peuple.

Vendredi soir, une brigade française est arrivée devant Altkirch. La ville était défendue par de très forts ouvrages et occupée par une brigade allemande. Nos troupes ont donné l'assaut avec une magnifique ardeur et mis les Allemands en fuite.

Les Allemands se sont retirés dans le plus grand désordre,

bien que leurs ouvrages de deuxième ligne puissent encore tirer.

Ils ont évacué la ville poursuivis par un régiment de dragons qui leur a infligé des pertes sérieuses.

La nuit a permis aux Allemands de se dérober.

Nos troupes sont entrées dans Altkirch. La vieille cité alsacienne leur a fait un accueil enthousiaste.

On porte en triomphe les poteaux-frontière qui viennent d'être arrachés.

A l'aube, notre brigade d'avant-garde marche sur Mulhouse.

A 17 heures, nos troupes débouchent devant Mulhouse.

En moins d'une heure, Mulhouse est occupé.

Notre cavalerie poursuit l'arrière-garde allemande et nos avant-postes s'installent au nord de Mulhouse.

Les pertes françaises ne sont pas excessives eu égard au résultat.

L'occupation de Mulhouse provoque dans toute l'Alsace et dans toute l'Europe un immense retentissement.

Les Allemands se retirent vers Neufbrisach.

Toute l'Alsace soulevée contre eux va aggraver leurs difficultés.

Le général Joffre a adressé à l'Alsace une proclamation qui a été aussitôt affichée et lue avec passion par les Alsaciens.

M. Messimy, ministre de la Guerre, a télégraphié au général Joffre pour féliciter les troupes françaises de leur entrée à Mulhouse.

*Engagements au sud de la Meuse.* — De très vifs engagements de cavalerie ont eu lieu au sud de la Meuse.

Ces engagements témoignent de l'ascendant pris par notre cavalerie sur la cavalerie allemande.

En voici un exemple :

Une patrouille allemande composée de un officier et de vingt-deux uhlans rencontre une patrouille française de un officier et sept chasseurs à cheval.

Les Allemands hésitent.

L'officier français s'élance et brûle la cervelle à l'officier allemand.

Aussitôt les vingt-deux uhlans prennent la fuite abandonnant le corps de leur chef.

### Proclamation du Généralissime aux Alsaciens

Enfants d'Alsace,

Après quarante-quatre années d'une douloureuse attente les soldats français foulent à nouveau le sol de votre noble pays.

Ils sont les premiers ouvriers de la grande œuvre de la revanche. Pour eux quelle émotion et quelle fierté ! Pour parfaire cette œuvre, ils ont fait le sacrifice de leur vie. La nation française unanimement les pousse et dans les plis de leurs drapeaux sont inscrits les mots magiques du droit et de la liberté.

Vive l'Alsace ! Vive la France !

Signé : *Le général en chef des armées françaises,*
JOFFRE.

### Félicitations de M. Messimy au général Joffre

Voici le télégramme de M. Messimy, ministre de la guerre, au général Joffre :

« Mon Général,

« L'entrée des troupes françaises à Mulhouse aux acclamations des Alsaciens, a fait tressaillir d'enthousiasme toute la France. La suite de la campagne vous apportera, j'en ai la conviction, des succès dont la portée militaire dépassera celle de la journée d'aujourd'hui. Mais au début de la guerre, l'énergique et brillante offensive que vous avez prise en Alsace vous met dans une situation morale qui nous apporte un précieux réconfort. Je suis profondément heureux, au nom du Gouvernement, de vous en exprimer toute ma gratitude.

« MESSIMY. »

*9 août, 18 h. 1/2.*

*La retraite des Allemands en Alsace.* — Les Allemands, après avoir évacué Mulhouse, se sont retirés à 20 kilomètres en arrière.

Ils ont, avant, incendié le magasin à vivres et à fourrages. La forêt de Hard, près Colmar, a été rasée.

Ils font peser sur les Alsaciens une terreur sans nom.

Ils ont annoncé que tous ceux qui seraient suspects seraient fusillés. Malgré ces menaces, l'enthousiasme grandit d'heure en heure.

Les prisonniers saxons déclarent que leur pays ne participe à la guerre qu'à regret.

*Coopération franco-belge.* — Les ordres les plus précis ont été donnés par les gouvernements français et belge pour que les ressources industrielles des deux pays soient intégralement mises en commun.

Dès maintenant, des fournitures de matériel militaire ont été dirigées sur la Belgique. Les fabriques de revolvers belges travaillent pour l'armée française.

Le charbon et le blé sont utilisés en commun.

L'enthousiasme est très grand.

*La bataille de Liége.* — Tous les forts tiennent encore, malgré l'intensité du bombardement, qui a duré 48 heures sans discontinuer.

Les canons longs allemands, ainsi que les obusiers, n'ont

produit aucun effet sur les coupoles des forts. Même si les obusiers de 28 fonctionnaient et détruisaient les coupoles, les forts pourraient encore résister, grâce à la disposition des fossés et des contre-escarpes.

53.000 ouvriers civils travaillent aux retranchements.

*Ruses allemandes.* — On signale de Liége une extrême mauvaise foi des Allemands et leur mépris absolu des lois de guerre.

A 400 mètres, les Allemands ont arboré le drapeau blanc et se sont avancés sur les tranchées belges.

Les Belges s'étant levés, les Allemands ont tiré sur eux.

D'autre part, l'attaché militaire allemand à Bruxelles s'est comporté en véritable espion, essayant d'endormir et de tromper les Belges, tentant d'acheter les renseignements qu'on lui refusait, se rendant à Liége pour reconnaître la place, sous prétexte de remplir son rôle de parlementaire.

L'indignation contre ce procédé est très vive en Belgique.

*L'état de siège en Suisse.* — L'état de siège a été proclamé en Suisse. L'élite de la Landwer est mobilisée. Une sentinelle suisse a été fusillée par les Allemands.

L'opinion publique est surexcitée.

M. Mirman, directeur au ministère de l'Intérieur, est nommé préfet de Meurthe-et-Moselle en remplacement de M. Reboul, mis en disponibilité pour raison de santé.

**Le deuxième fascicule est sous presse.**
**Il paraîtra donc incessamment.**

NIORT. — IMPRIMERIE TH. MARTIN

www.ingramcontent.com/pod-product-compliance
Lightning Source LLC
LaVergne TN
LVHW051508090426
835512LV00010B/2405